ÉTUDE ARCHÉOLOGIQUE

SUR LA

FAMILLE D'ANDRÉ

DE L'ANCIENNE SÉNÉCHAUSSÉE DE PÉZENAS EN LANGUEDOC

RENFERMANT UNE

ESQUISSE BIOGRAPHIQUE

SUR

B.-F.-J.-A. RASTOUL D'ANDRÉ

PAR

E. MINJOLLAT DE LA PORTE

Étudiant en Droit, Membre de plusieurs Sociétés savantes.

« Memento quia pulvis es. »

MARSEILLE

IMPRIMERIE DE T. SAMAT

QUAI DU CANAL, 15.

1868.

ÉTUDE ARCHÉOLOGIQUE

SUR LA

FAMILLE D'ANDRÉ

DE L'ANCIENNE SÉNÉCHAUSSÉE DE PÉZENAS EN LANGUEDOC

RENFERMANT UNE

ESQUISSE BIOGRAPHIQUE

SUR

B.-F.-J.-A. RASTOUL D'ANDRÉ

PAR

E. MINJOLLAT DE LA PORTE

Étudiant en Droit, Membre de plusieurs Sociétés savantes.

« Memento quia pulvis es. »

MARSEILLE

IMPRIMERIE DE T. SAMAT

QUAI DU CANAL, 15.

—

1868.

DU MÊME AUTEUR

I. **Notice sur le Docteur F.-V. Bally**, Médecin en chef de l'Expédition de Saint-Domingue, né à Beaurepaire. In-8°, 1867. Vienne, imp. Savigné.

II. **Essai historique sur Beaurepaire**, contenant la description de cette ville et la biographie des hommes célèbres qui y sont nés. Grand in-8°, en caractères elzéviriens. Edition de luxe avec vignettes très-fines, sur papier teinté, 1867. Vienne, imp. Savigné.

III. **Notice sur Notre-Dame de Chatenay**, pèlerinage du diocèse de Valence (chroniques et légendes). In-12. 1867. Bagnères-de-Bigorre, imp. Péré.

Pour paraître incessamment

IV. **Un Pélerinage à Notre-Dame de la Garde** (Notice historique abrégée). In-8°.

V. **Les Vallées et Souverainetés de l'Andorre** (Souvenir de vacances). In-12.

VI. **Notice historique sur la famille Gay de la Porte en Dauphiné**, par un des derniers descendants. In-8°.

ÉTUDE ARCHÉOLOGIQUE

SUR LA

FAMILLE D'ANDRÉ DE PÉZENAS

INTRODUCTION

Ancien professeur de mathématiques de l'institution Saint-Paul, qui, il y a seulement quelques années , florissait à Clermont-l'Hérault sous l'intelligente direction de M. l'abbé Rastoul d'André , nous croyons devoir céder aux demandes réitérées de plusieurs de nos collégues , en publiant une étude archéologique sur les d'André de Pézenas , et pour satisfaire les désirs de ses nombreux amis aussi bien que de ses anciens élèves , nous avons consacré quelques pages à la biographie de notre ancien Directeur.

Vu le cadre restreint dans lequel nous renfermons notre travail, nous passerons rapidement sur l'origine de la famille d'André et sur ses principaux membres, afin de donner plus de détails sur un des derniers descendants , l'abbé Rastoul d'André.

L'archéologie et les intéressés en retireront quelque profit , et tout en accomplissant un devoir dicté par la reconnaissance, nous aurons répondu aux vœux d'un grand nombre de personnes qui attendent depuis longtemps les notes inédites que nous publions.

I

A l'époque des croisades, les noms commencèrent à devenir héréditaires, et les familles de race guerrière, pour conserver le souvenir des actions d'éclat de leurs ancêtres , firent usage du blason.

Du XIIᵉ au XIVᵉ siècle , on commençait déjà à ajouter aux noms de baptême et aux surnoms, des titres nobiliaires attachés à la possession de certaines terres , d'états héréditaires.

Il s'est rencontré quelquefois que des familles habitant diverses provinces, notamment sous la féodalité où une province était un petit état, ont pris non-seulement les mêmes armes, la même devise ou le même cri, mais encore le même nom.

Ainsi notre famille maternelle , GAY DE LA PORTE en Dauphiné , ne

compte pas moins de quinze homonymes « soit que dans ces temps re-
« culés, le nom de la Porte ait été pris arbitrairement par beaucoup de
« familles, soit que dans celles qui existaient, plusieurs membres se
« soient séparés des troncs principaux, au point d'oublier leur commu-
« nauté d'origine et d'adopter de nouvelles armoiries....... (1)

Cette multiplicité est moins rare pour les noms de baptême précédés
de la particule, tel que le prénom André.

Parmi les lignées nobles portant le même nom, mais différentes
d'armes et n'ayant aucun lien de parenté, nous citerons les Gay ayant
comme les André six homonymes.

Ce sont ces derniers qui feront l'objet de notre étude, et nous citerons
tous ceux du même nom que nos recherches nous ont fait connaître.

1º D'ANDRÉ en Provence. D'or au sautoir de gueules.

2º D'ANDRÉ. De sinople à la fasce d'or, accompagné en chef de deux
sautoirs alésés d'or et en pointe d'une molette aussi d'or.

3º D'ANDRÉ (ou d'Andrea) en Provence. De gueules à 2 lions affrontés
d'or, tenant de leurs pattes un anneau de sable ; à la bordure d'azur
chargée de huit fleurs de lis d'or.

4º D'ANDRÉ (de la Fresnaye). D'azur au cygne d'argent soutenu d'une
rivière en Champagne, de sinople ; au chef d'or chargé d'une quinte-
feuille de gueules entre 2 étoiles d'azur.

5º D'ANDRÉ (de Toulouse) Ecusson inconnu.

6º D'ANDRÉ (de Pézénas). D'argent à trois grenouilles de sinople.

Malgré qu'un récent voyage à Paris nous ait fourni l'occasion d'étu-
dier par nous même, suivant nos goûts archéologiques et notre penchant
pour l'étude du blason dans les manuscrits de la bibliothèque Impériale,
les titres de ces diverses familles, celle de Pézénas, la dernière branche
citée, fera seule l'objet de cet opuscule.

II

La famille d'André, dont le berceau fut Pézénas en Languedoc, est
fort ancienne, cependant ce n'est qu'au XVIIᵉ siècle qu'elle commença
à jouer un certain rôle. Plusieurs actes publics, font mention de Jean
d'André. A la date de 1634, elle fournit plusieurs militaires, et gagne
ses titres à la pointe de l'épée.

Ses armes sont : d'argent aux trois grenouilles de sinople. L'écu (sam-
nite français), est orné d'un casque de chevalier (anobli) avec lambre-
quins d'argent et de sinople.

Feu Henry d'André, avocat, maire de Pézénas et membre du Conseil
général de l'Hérault, timbrait cet écusson d'une couronne de comte.
Nous n'avons pu trouver nulle part l'origine de ce privilège, cependant
plusieurs sceaux en cire qui nous ont été montrés, portent la couronne.

---

(1) Extrait d'une brochure in-8º : Etudes archéologiques sur les
familles du nom de La Porte, par le docteur Armand de la Porte, 1864,
Paris.

ALLIANCES DE LA FAMILLE

Du Carrion de Nisas (1)	De Lachaud
D'Enjalvin	De Plantavit de la Pause
De Jacquet	De Rascas de Palignan
De Juvenel	De Quintin de Blet (2)
De Lauret	De la Serre de St-Roman (3)
De Lautrec	De Vignamont
D'Aublan de Gandy	Rastoul dit d'André

Parmi les membres remarquables nous citerons :

Gabriel-François-d'André, né le 7 mars 1718 , décédé le 4 avril 1784. Capitaine de dragons , chevalier de l'ordre royal et militaire de Saint-Louis , était très-lié avec le marquis de Spinola , ministre pléni-potentiaire de la République de Gênes, sous Louis XVI.

Gabriel-François-Joseph-d'André, fils du précédent , né le 19 août 1774, à Pézénas, décédé le 5 janvier 1832. Il embrassa la carrière mili-taire, fut nommé lieutenant par Bonaparte , au siége de Toulon. C'est à la bataille de Toulouse qu'il conquit le grade de lieutenant-colonel , il eut trois chevaux tués sous lui, le shako , la capote et le bras percés de balles. Il était chevalier de Saint-Louis, officier de la Légion d'Honneur.

Marie-Julie-Fortunée-d'André, née le 7 septembre 1773 , décédée le 20 avril 1851, jour de Pâques. Femme accomplie qui avait des conso-lations pour toutes les infortunes : sa solide piété, ses belles qualités du cœur et de l'esprit lui attiraient les sympathies et l'affection de tous ceux qui l'approchaient.
Le 23 novembre 1795, elle avait épousé

Jacques-Barthélemy-Rastoul (d'André) né à Béziers , le 24 août 1762, décédé le 28 juin 1826. Appartenait à une famille des plus hono-rables de Béziers , son nom était le synonyme de l'honnête homme, et durant les 27 années qu'il passa à la mairie de Béziers comme secrétaire en chef, il sut se concilier l'estime générale et l'affection de ses subor-donnés. Des liens de parenté le rattachaient aux principales familles de Béziers, sa ville natale : aux Espinas, aux Mandeville, aux Azaïs, qui se sont de père en fils illustrés dans le barreau.
Son petit-fils, un des plus honorables négociants de Béziers , porte dignement ce nom respectable et marche sur les traces de son aïeul.

---

(1) De Carrion de Nisas (en Languedoc). D'azur à une tour d'argent , donjonnée de trois tourelles de même, crénelées et maçonnées de sable.
(2) De Quintin de Blet. D'or à une fleur de lis de gueules.
(3) De la Serre de Saint-Roman. D'or, à la montagne de six coupeaux de sinople, au chef d'azur chargé de 3 étoiles de champ.

De ces deux précédents naquirent :

BARTHÉLEMY-RASTOUL (d'André), né le 21 novembre 1796, curé doyen (de 1re classe) à Clermont-l'Hérault, chanoine honoraire de Montpellier depuis plus de 30 ans.

PROSPER-RASTOUL (d'André), né le 9 juillet 1799 , décédé le 27 octobre 1830. Célèbre maître-d'armes, officier aux cuirassiers de Bordeaux.

HERCULE-GUSTAVE-ADOLPHE-RASTOUL (d'André), né le 21 décembre 1808, curé de Murviel-lès-Montpellier.

BERNARDIN-FRÉDÉRIC-JOSEPH-AUGUSTE-RASTOUL (d'André) , né le 20 mai 1814, prêtre , successivement missionnaire , chef d'institution secondaire. C'est à ce dernier que nous consacrerons une esquisse biographique.

Nous aurions voulu donner ici, la généalogie de la famille Rastoul (d'André), mais manquant de documents précis nous nous sommes contentés de citer les membres que nous connaissons sur des renseignements qui nous ont été communiqués.

Pour abréger cette étude historique , nous ne publierons ci-après que l'arbre généalogique de la famille d'André , en commençant seulement à Estienne-Charles , né vers le milieu du XVIIe siècle.

TABLEAU GÉNÉALOGIQUE

EXTRAIT EN PARTIE

Des Archives de la Mairie de Pézénas

1° ESTIENNE-CHARLES-D'ANDRÉ, fils de Jean D'ANDRÉ et de Marie MARTINE, né le 28 octobre 1659, marié le 25 octobre 1867 à Catherine de LAURET; marié en secondes noces, le 12 août 1706, à Claire d'ENJALVIN; décédé le 12 mars 1750.

Du premier mariage sont nés :

GUILLAUME, le 1er août 1688.
MARIE, le 12 décembre 1689.
CATHERINE-ANGÉLIQUE, le 26 avril 1691.
ANNE et MARGUERITE (jumelles) le 31 décembre 1692.
GABRIELLE, le 10 novembre 1695.

Du second mariage sont nés :

JOSEPH , le 16 mars 1708.
GUILLAUME-CHARLES, le 24 mai 1710.
MARIE, le 24 novembre 1712.
JEAN-FRANÇOIS, le 15 octobre 1714.
CLAIRE-ANGÉLIQUE, le 19 avril 1716.
GABRIEL-FRANÇOIS, le 7 mars 1718.

2° GABRIEL-FRANÇOIS-D'ANDRÉ , né le 7 mars 1718 , décédé le 4 avril 1784, marié le 10 novembre 1764 , à MARIE-FRANÇOISE-FAURIÉ, fille de Henri-Paschal Faurié et Marie-Françoise du Carrion de Nisas.

De ce mariage sont nés :

JEAN-ANTOINE-PASCAL, le 25 avril 1767.
JACQUES, le 24 juillet 1768.
JEAN-BAPTISTE, le 24 novembre 1769.
JEANNE-JOSEPH, le 23 décembre 1770.

Anne-Jeanne-Henriette, le 24 août 1772.
Marie Julie-Fortunée, le 7 septembre 1773.
Gabriel-François-Joseph, le 19 août 1774.

3° Marie-Julie-Fortunée-d'André, mariée le 2 frimaire an 4 (23 novembre 1795) à Jacques-Barthélemy-Rastoul (dit d'André) né à Béziers, le 24 août 1762.

De cette alliance, la dernière de la généalogie, sont nés :

Barthélemy, le 30 brumaire an V (21 novembre 1796).
Alexandre-Fortuné, le 6 floréal an VI, (16 avril 1798), décédé en 1851.
Prosper, le 18 messidor an VIII (9 juillet 1799), décédé le 27 octobre 1830.
Célestine, veuve Aublan de Gandy (à Agde) le 17 janvier 1806.
Ferdinand, le 12 germinal an XI (2 avril 1802).
Adolphe-Hercule-Gustave, le 21 décembre 1808.
Adèle, le 22 septembre 1810, décédée le 20 mai 1847, mariée à Joseph Pellegry de Capestang.
Emile, le 26 novembre 1811, décédé le 28 septembre 1863.
Bernardin-Frédéric-Joseph-Auguste, né le 21 mai 1814.

Fin de l'Arbre Généalogique.

ESQUISSE BIOGRAPHIQUE

SUR

B.-F.-J.-A. RASTOUL (d'André).

Bernardin-Frédéric-Joseph-Auguste-Rastoul d'André , né à Béziers, donna, dès son enfance , les signes les moins équivoques de sa vocation à l'état ecclésiastique.

Il se voua dès l'âge de onze ans au service des autels, acheva ses études au Collège de Béziers, et entra au grand séminaire de Montpellier à 18 ans.

Pendant les six années consécutives qu'il y passa, il sut constamment mériter l'estime de ses supérieurs et l'affection de ses condisciples. Il se fit remarquer par sa piété, ses talents et l'aménité de son caractère; fut chargé tour à tour des catéchismes de St-Denis et des cours d'instruction religieuse à la maison centrale de Montpellier, où il eut occasion de répondre à la confiance de ses supérieurs, par la clarté et la méthode de son enseignement autant que par l'onction de sa parole.

Promu au sacerdoce le 9 Juin 1838 , il fut envoyé de suite dans un poste de confiance, vicaire à St-Chinian (paroise de 3,000 âmes) , dont les fréquentes absences du curé lui laissaient presque toute la charge. Pour satisfaire à tous ses devoirs et desservir plusieurs annexes, il dut se multiplier. Malgré ses occupations, il sut rallier la jeunesse autour de lui, pour la diriger dans la bonne voie, en fondant une congrégation sous le titre de St-Louis-de-Gonzague.

Sa frêle santé l'ayant obligé à demander son changement à la fin de l'année, il se retira, emportant les regrets de son excellent curé, M. Reynaud mort vicaire-général de Montpellier. Après 30 ans d'absence, son nom est encore béni à St-Chinian.

M. Rastoul ne tarda pas à être nommé vicaire à St-Sever d'Agde , soit qu'il ne fut pas assez rétabli, soit excès de travail , le jeune prêtre , après huit mois de longues et cruelles luttes, se décida à regret, à demander un an de repos, ce qu'il obtint.

A peine rétabli, il profita du retour de ses forces pour se livrer à l'enseignement gratuit de quelques élèves, et à la prédication; mais son zèle infatigable demandant un vaste champ d'action, il s'embarque pour Marseille le 21 Janvier 1841, pour se diriger chez les Oblats.

Cet ordre religieux , comme tout ce qui rattache au culte de la Ste-Vierge, avait gagné ses sympathies , il espérait même y rencontrer un de ses amis.

Le père Aubert supérieur , l'accueille avec bienveillance , l'invite à attendre le retour de son ami et l'engage à prêcher. Après deux ou trois improvisations couronnées d'un plein succès , il est chargé de la station quadragésimale.

On a conservé longtemps le souvenir de l'affluence qu'attirait le jeune orateur : l'enceinte de l'église , la place même , les tribunes , étaient encombrées. De nombreuses confessions absorbant toutes ses heures , la plupart de ses sermons étaient improvisés. Mais Dieu venant à son aide et grâce à son zèle infatigable, il obtint les plus brillants résultats.

La station terminée , il voulut profiter du temps qui lui restait pour visiter Rome et s'embarqua pour la ville Eternelle. Durant son séjour , il obtint une audience du Souverain-Pontife Grégoire XVI, et des pouvoirs spirituels très-étendus.

Au comble du bonheur, le pélerin de la foi, toujours inséparable de son compagnon de voyage le St-Abbé de Villanova (Corse), allait tous les jours célébrer le saint sacrifice dans les chapelles consacrées par le séjour où la mort des apôtres ou des martyrs.

Mais le moment du retour approchant, il s'embarque à Civita-Vecchia, arrive à Marseille, et se dirige sur Montpellier.

De passage à Avignon, il se rend auprès de Monseigneur Dupont archevêque de cette ville, qui , dans un entretien bienveillant , l'engage à se fixer dans son diocèse où il y a pénurie de sujets , tandis qu'il y a affluence dans celui de Montpellier.

Persuadé que s'il est un coin de la vigne du Seigneur qu'on doive travailler, c'est celui qui manque de travailleurs, après avoir demandé l'agrément de son évêque, il accepte un poste.

L'Isle, Carpentras, Avignon, sont tour à tour les théâtres de son zèle durant dix années. Après cette période décennale, l'abbé Rastoul , alors âgé de 37 ans , se présente à Monseigneur Debelay et lui annonce son intention de rentrer dans les Missions Étrangères. Le vénérable prélat combat ce projet, avec cet accent d'ineffable bonté qui lui avait conquis tous les cœurs, mais craignant de s'opposer aux vues de la Providence, il bénit et embrasse le futur missionnaire en lui promettant sa protection.

Quelques jours après, l'ancien vicaire était à Paris et faisait une demande à la maison du St-Esprit ; le supérieur ne jugeant pas sa santé assez forte pour résister aux fatigues des missions, l'engage à renoncer à son projet. Affligé mais soumis, il se retire en bénissant les desseins de Dieu.

C'est dans la capitale qu'il rencontra un vénérable prêtre , qui , par la noblesse de ses traits et la dignité de sa personne autant que par son grand âge, attira son attention.

Une discussion à table d'hôte (hôtel St-Sulpice) sur un point de la religion , dans laquelle M. Rastoul triompha , lui valut la confiance du respectable vieillard.

Mgr Michel, car c'était lui, venant d'être nommé Évêque d'Haïti par l'Empereur Soulouque (Faustin 1er) , prie son nouvel ami de vouloir bien accepter le titre de coadjuteur. Le lendemain, les futurs apôtres des Antilles, se rendent au Consulat d'Haïti où après divers éclaircissements donnés, Mgr Michel présente son coadjuteur qui est agréé par le représentant de Soulouque qui promet d'en aviser son Souverain.

Des affaires personnelles au nouvel évêque et au diocèse d'Haïti nécessitant un voyage en Angleterre, ils se rendent ensemble à Londres où ils sont reçus par l'illustre cardinal Wisman.

Trois mois après ils étaient de retour, se préparant à aller faire une excursion à Haïti. Mais sur le point de s'embarquer à Marseille, soit fatigue de voyage, soit peut-être plus encore préoccupation de sa nouvelle charge, Mgr Michel tombe malade, ce qui le force à retarder son départ. Croyant voir la main de Dieu dans cet empêchement, les deux amis renoncent à partir pour ces parages lointains, et se décident à se séparer.

Un témoin oculaire nous a raconté combien furent touchants les adieux de l'Évêque, à celui qu'il avait jugé digne de sa confiance en le choisissant pour son collaborateur. Cette scène est plus facile à imaginer qu'à décrire.

Quelques mois après, M. Rastoul, alors chez les oblats de Marie à Marseille, apprenait par les journaux la mort de Monseigneur Michel (1) à Paris, chez les Frères de Saint-Jean-de-Dieu.

L'année du noviciat chez les Oblats, fut pour lui une année de travaux continuels dans la prédication. Sa santé fortement ébranlée, et de graves infirmités qu'il avait contractées dans les fonctions du saint-ministère, le forcèrent à quitter une maison où on a longtemps conservé son souvenir, pour rentrer dans son diocèse originaire.

Ils se fixa auprès de son frère, à Béziers, et donna tous les loisirs de sa convalescence à l'instruction de son neveu. Durant les deux années qu'il passa dans sa ville natale, il n'abondonna pas les fonctions du saint-ministère : la première année il prêcha un carême à Sérignan, et l'année suivante il fut chargé de la station quadragésimale à Clermont-l'Hérault.

C'est à la suite de cette station, et de l'heureux mouvement qui en fut le résultat que le curé de la paroisse, frère du prédicateur sur les instances de ses amis, le pressa de se fixer à Clermont, pour tâcher de combler la lacune que la chute du collége y avait laissée depuis 7 ou 8 ans.

Après bien des hésitations et des regrets, l'abbé Rastoul (d'André) se rendit aux prières de son frère, et de concert avec l'Abbé Arsène Giscard de la Roque, il ouvrit une institution secondaire sous le titre d'Institution Saint-Paul, à Clermont-l'Hérault.

Son activité infatigable et sa patiente énergie triomphèrent des nombreuses difficultés qu'il eut dès le début. Cet établissement modèle, en fait de principes religieux, de discipline et d'ordre, à prospéré pendant 12 ans, fourni d'excellents sujets à l'armée, à l'enseignement, au barreau, à la médecine, à l'Eglise et à diverses carrières techniques, jusqu'au jour où une administration peu favorable aux institutions revêtues d'un caractère religieux, porta un coup meurtrier aux Ecoles chrétiennes des Frères et à l'Institution Saint-Paul, pour fonder à sa place un collége communal.

M. Rastoul (d'André,) se rendit alors à l'appel d'un de ses confrères (dans la banlieue de Lyon) manquant de titulaire pour son institution

---

(1) Feu Mgr Simon-Joseph Michel de Tarascon (B.-du-R.) âgé de 67 ans, ex-curé de Jérémie, à Saint-Domingue, pendant 20 ans, modèle de toutes les vertus sacerdotales.

ecclésiastique, et auquel il est resté dévoué jusqu'aux dernières limites du possible, et au delà de celles de ses engagements. Nous terminerons cette esquisse rapide, en faisant des vœux pour notre ancien Directeur qu'il nous a été donné d'apprécier pendant deux ans.

PIÈCES JUSTIFICATIVES (SOURCES)

Toutes ces pièces sont entre les mains du titulaire et composent son excellent dossier ecclésiastique qui nous a été d'une grande utilité pour rédiger l'Esquisse biographique.

I. Lettre de prêtrise, délivrée par Mgr Charles Thomas Thibault évêque de Montpellier, en latin, (9 Juin 1838).

II. Certificat de M. Valade vicaire général de Montpellier, qui certifie que M. Rastoul « est un bon ecclésiastique, et mérite un accueil favora-« ble de la part des supérieurs des diocèses étrangers (14 Juillet 1840).

III. Certificat de station quadragésimale aux Oblats de Marseille, délivré par le père Martin supérieur (en latin). (Le 23 Août 1841).

IV. Lettre de Mgr Dupont, archevêque d'Avignon (18 Septembre 1841).

Ce vénérable prélat invite M. Rastoul à se rendre dans son diocèse, il pense que ce sera une heureuse acquisition.

V. Certificat délivré par M. Reynaud, vicaire-général de Montpellier (12 Août 1851). Dans une apostille, M. Reynaud ancien curé de St-Chinian, déclare que pendant qu'il a eu M. Rastoul pour vicaire, il a été satisfait de lui sous tous les rapports, en latin, apostille en français.

VI. Certificat de l'Archevêché d'Avignon pour dix années dans ce diocèse, signé Jean-Marie-Mathias Debelay archevêque (14 Août 1851), en latin.

VII. Lettre de M. Lenthéric, ex-curé de St-Sever à Agde (22 Août 1851). M. le chanoine Lenthéric s'exprime ainsi dans sa lettre : « je « voudrais pouvoir dire à tout le monde la sagesse de votre conduite, « votre prudence, votre zèle et tout le bien que vous avez fait dans ma « paroisse pendant les quelques mois que vous y avez passés. »

VIII. Bon certificat de feu Mgr Michel évêque nommé d'Haïti (6 Juin 1852). Ce vénérable prélat certifie que : Pendant tout le temps qu'il a « passé avec M. Rastoul, ce dernier lui a donné les plus touchants exem-« ples de toutes les vertus sacerdotales et les plus grandes preuves d'un « profond savoir. »

IX. Lettre testimoniale du R. P. Aubert supérieur des Oblats de Marseille (30 Août 1853). Extrait textuel : « que pendant tout ce temps « (un an), non seulement il n'a donné lieu à aucun reproche, mais s'est « conduit d'une manière édifiante et s'est rendu utile par son zèle et ses « prédications.

« ... C'est uniquement pour raison de santé et pour des causes indé-« pendantes de sa volonté qu'il est sorti du Noviciat. »

X. Certificat de l'Archevêché de Lyon (28 Septembre 1868) signé Pagnon.

Ce vicaire général certifie que M. Rastoul d'André « s'est toujours « montré digne, par sa vie et ses mœurs sacerdotales, aussi bien que par « son intelligence, de la confiance qu'il nous a inspirée. »

XI. Celebret du diocèse de Lyon, signé Beaujolin vicaire-général (27 Juillet 1868), délivré pour 6 mois, en latin.

134